ほんごうの経営ノート2024

インフレ下の新しい飯の種《ビジネスモデル》

【目次】

はじめに ……… 7
1 私の今年のキーワード ……… 8
2 デフレよ、さようなら、インフレよ、こんにちは! ……… 10
3 そして低金利 ……… 13
4 デフレ時代の覇者 ……… 17
5 インフレ進行時代の会計事務所のマネジメント ……… 21
6 覚悟の経営の実践 ……… 23
7 二〇二四年は私の実践過程を書きます ……… 25

第1章　インフレ対応型モデルのキーワード………27

1　シンプルが一番………30
2　ビジネスも国内回帰………33
3　ガバナンスも新ステージ………36
4　空気に流されない………38
5　モノ売りよりもサービス………40
6　自前かアウトソーシングか？………42
7　供給よりも需要………45
8　在庫は善………47
9　収益力∨コスト………48
10　商品よりも顧客………57
11　自己資金よりも借入………60

第２章　深く∨広く、そして集中、徹底……63

1　差別化戦略とニッチ戦略……64
2　非能率∨能率……71
3　頑張るよりも頑張らない……73
4　お客さんはだれか？……79
5　売り切りよりもアフターサービス……81
6　ビジネスのサービス化による差別化……83
7　財務も稼ぎの一員にする……85
8　引き算の発想……87

第３章　弊社の実行と実践……91

1　財務で稼ぐ……92

2 コーチングサービス………93
3 コンサルティングの前にコーチング………95
4 ファミリーオフィス………102
5 そしてChatGPT………103

終わりに

終わりに………107
1 戦略ミスは、致命傷………108
2 make sense！（ハラオチ）………110
3 若い人に学ぶ………111
4 数字が作れる会社にしたい………113
5 緩い経営………115

はじめに

1 私の今年のキーワード

ズバリ↓ルネサンスとモナリザ

「ルネサンスは、ペスト（黒死病）と不景気からの再生」「ペストによってビジネス再編が進む」（『名画で学ぶ経済の世界史 国境を越えた勇気と再生の物語』田中靖浩著 マガジンハウス）

インフレは、まさにコロナからの再生です。

コロナによってビジネスの再編は急速に進みます。

そして、モナリザ。

レオナルド・ダ・ヴィンチの名作**モナリザは「そのときの見方や心境によって日々その表情**

が違って見える」と言います。
まさに今の状況は、モナリザの時代かな？
コロナで景色が変わった日本！
これは「ルネサンス」だと考えて、今年の経営ノートを書きました。

2 デフレよ、さようなら、インフレよ、こんにちは！

ズバリ↓先に来たのは、資産インフレ

次の順序で、インフレが来たと思っています。

資産インフレ↓サービスインフレ↓物価インフレ

ついに全体がインフレになりました。

二〇二三年の拙著で「インフレは、まだら模様！」

インフレ＊は「平均値で見てはいけない！　マクロ数値にだまされるな！　自社にヒットす

る細かい数値で判断したほうが現実的」と書きました。

インフレには、依然として強弱がありますが、全体がインフレ模様になりました。

コロナ明けとともに、潮目が大きく変わりました。

デフレの終焉、インフレ時代の到来です。


コロナは経営を直撃しました。

変化なくして進化なし、必然的にビジネスモデルを大きく変えなければなりません。完全に、インフレ対応型のビジネスモデルに切り替えることです。


ズバリ、今年のテーマは、**インフレ対応のビジネスモデル**の探索です。

＊……「神さまは細部に宿る」！
細部（ディテール）へのこだわりが多分、自社の経営にヒットします。自社がインフレをかぶる方か、享受する方か、それによって取るべき戦略も異なります。

上がる資産、ダメな資産、上がるサービス、上がらないサービス、上がるモノ、上がらないモノ、上がる仮想通貨、上がらない仮想通貨。

何年か前はBSインフレ、PLデフレ　モノはデフレ、コト（サービス）はインフレと書きましたが、昨今はもっとピンポイントになり細分化しました。

私の結論「マクロ*だけ見てはいけない！」

*……マクロにだまされない！

これは、私のモットーです。経営者は、マクロを見ることも重要ですが、足元を見ることとのバランスも重要です。マクロが実際に実践されるのには時間軸があるからです。

3 そして低金利

私は低金利が続くと思っています。

金利は上がるでしょうが、アメリカのように、一気に5％になることはないと思います。

根拠はないのですが、政府の国債の金利負担等を考えると、上げてもたかが知れていると思っています。

それよりも怖いのは、**金融引き締め・貸し剥がし**です。

どちらかと言うと、後者が怖い。

第一次バブル＊の崩壊、リーマン・ショックの後の貸し剥がしの悪夢がよみがえります。

実際、私は体験しましたから、あの鬼のような、当時の銀行担当者の顔をいまでも忘れません。

＊……バブルの経済理論

『バブルの経済理論 低金利、長期停滞、金融劣化』（櫻川昌哉著　日本経済新聞出版）は私に「バランスシートで稼ぐことへの確信」を与えてくれた本です。

いままで、低金利を想定した経済学の理論はなかったといいます。低金利の経済は、**バブルが発生**します。**資産インフレが続き**ます。難しいのは崩壊の予測ですが、利回りが取れるうちは大丈夫です。

通常の経済学（高金利の経済学）

市場利子率＞経済成長率　2～3％高い

低金利の経済学

市場利子率＜経済成長率

↓バブル発生

バブル経済の本質

バブルとは期待によってのみ価値が支えられる。
価値を支えているのは**「期待」**
等価交換
バブルは期待値との交換。対象はなんでもいい。

私は国の生い立ち・文化によると思っています。
日本　↓　土地神話
アメリカ　↓　証券化
オランダ　↓　チューリップ

合理的バブルとは、
利回り＞利子率　↓　資産購入　↓　資産高騰　↓　利回り低下　↓　調整、終息

崩壊するバブルとは、
金融の不安定性、担保が適格性を失った時、貨幣の供給不足の不安、期待の連鎖　↓　パニック

4 デフレ時代の覇者

失われた三〇年の覇者は、なんといっても、**ユニクロ**、**ニトリ**です。

「大量に、安く、低コストで」をメインとする戦いでした。

そのためには、ＳＰＡ（製造小売）の様に卸を排除して、できるだけ安く顧客に販売するビジネスモデルが有効でした。

三〇年前こんな大企業になると、予測した人は少なかったんではないでしょうか？

当時、有名な経営コンサル会社のトップに、ユニクロの話を聞いたことがあります。

「いずれ壁にぶつかる」という答えでした。

根拠を挙げて説明してくれたのが記憶にあります。

壁を破るどころか、いまや世界一目前ですものね。（根拠は忘れました（笑）。）

①ニトリの成長

ニトリの成長を予測した人がいました。

それは伝説の投資家といわれた、**清原達郎さん**（タワー投資顧問株式会社）でした。

サラリーマンながら、二〇〇五年発表の長者番付（高額納税者）一位を獲得し話題になった人です。

余談ですが早とちりした人は、当時の巨人軍の清原選手が一位になったと勘違いしたのです。

清原さんは、まだ無名のニトリを買い続けていました。

当時その話を間接的ですが聞きまして、家具メーカーがそんなに「買い」なのかと、思っていましたが、浅はかでしたね。（それだけでも、**私には、投資家としての眼がない**（笑）**！**）

②収益力の高さ

でも、忘れてはいけないのは、ユニクロ、ニトリは、既存の同業大手に比較して収益力も優れていることです。

単純な安売りとは、一線を画していました。

ですから、インフレ対応型は、もっとチャンスです。値上げが容易ですから。

事実値上げしても、客離れはしません。

逆に、ユニクロは、値上げしても、収益が落ちず、**「良品適価」**と称賛される記事までありました。

③多くの企業がコスト重視

もともと日本の企業は、コスト経営が得意です。

製造業が得意な国でもありますので、大量に製造販売して、生産者余剰を勝ち取ってきて、ジャパン・アズ・ナンバーワンまで上り詰めた国柄です。

二宮金次郎型の頑張りが、日本の得意技でした。懐かしい（笑）。

▼人件費にしわ寄せ

その結果、コスト重視のしわ寄せが、人件費に来たのですね。

年功序列型賃金体系が、結果その後ろ盾になりました。

人の流動性の防波堤になりました。

だから長い間、ベースアップなしでも保ったのですね。

▼内部留保も大好き

バブルの崩壊、リーマン・ショックでの、金融引き締めを経験した、日本の経営者は、苦い経験から、内部留保が大好きです。

これだけ、金融がゆるゆる、しかも低金利が続いても、その信念は揺るがないですね。

そういう私もおっかなびっくりでした。

コロナが始まった時、キャッシュの確保が第一と考えましたが、杞憂でしたね。

かえって金融が緩みまして、株もあがりました。

5 インフレ進行時代の会計事務所のマネジメント

さて会計事務所はどうでしょうか？

「人手不足」は深刻ですが、賃上げをすれば、所長さんの所得（手取り）が減少します。

収益源である顧問料は、私の知る限り、四〇年以上のデフレです。

会計事務所のビジネスモデルは、収益の高いお客さんと、不採算のお客さんを別け隔てなく、サービスしているという特徴があります。

私は、これを、「損益通算文化」と読んでいましたが、このモデルからの脱却、つまり不採算顧問先の整理あるいは値上げが不可欠です。

弊社でも実行したところ、案外、値上げに応じてくれましたね。

6 覚悟の経営*の実践

二〇二三年の拙著『ほんごうが経営について考えたこと2023』は今年の予告編でした。

インフレ対応型ビジネスモデルは、従来のコスト重視型、デフレ対応型モデルを捨てなければなりません。

いわば真逆の経営をしなければなりません。

例えばコスト削減を追求しますと、人件費の抑制ということになりますが、これでは人が採用できません。


*……「覚悟の経営」

インフレ対応は経営者のマインドと真逆です。日頃からコスト重視、内部留保、経営効率等を考えるのは通常の経営者のマインドです。でも、今回のインフレを乗り切るためには、真逆の発想が重要です。

賃上げ、収益悪化、内部留保のはきだし、非効率

上場会社は、株が下がってもいいという覚悟。

歌の文句ではありませんが「**あなた、カクゴはありますか？**」

7 二〇二四年は私の実践過程を書きます

二〇二四年は、仮説と検証の一年です。私も実践していきます。

この本の趣旨は、**理屈と実践の同時並行**を書くことです。

毎年ですが、私にお付き合い頂いてる読者の皆さまに感謝です。

そして、いつも私の編集のパートナーである東峰書房の鏡渕社長、編集者の根本寛之さん、大霜朋広さんには、大変お世話になりました。

この場をお借りしまして、御礼申し上げます。

二〇二四年二月　本郷孔洋

CHAPTER 1

インフレ対応型モデルのキーワード

◇過去（既存の会社）から未来を学ぶ
既存企業は、将来のロールモデル！
↓既存モデルの深耕、新規のモデルへのリメイク
王手だけでなく、飛車も取れ！
↓心理学で考える、経済学で考えない
「スポーツジム　車で行ってチャリを漕ぐ」
こんな時代は、経済学で考えてはダメ！
↓優良大会社には必ずヒントがある
中小だから、大会社とは、関係ない
こう思ったら負け！

1 シンプルが一番

この章では、インフレ対応のキーワードを書きます。
そのうち、御社に合うものがありましたら、是非、実践してください。
この書は、あれこれ理屈を書いていますが、実践の書です。

実践は、シンプルが一番です。
「人間の脳は疲れ切っている」と言います。
例えばブランドは三つしか考えない。
「1位　5割　2位　3割　3位　2割」と言います。
従業員だって疲れ切っています。

だからこそ**「単純でシンプルこそ、一番のビジネスモデル」**です。

①テスラに学べ

ＥＶの充電器は、テスラ方式（スーパーチャージャー）が世界標準になりそうです。

入れ方も簡単、チャージも日本方式チャデモ（CHAdeMO）の三倍の充電速度だと言います。

結局消費者の使い勝手がいいんですね。

②一方、日本のチャデモ

高機能でも、使いにくい。

チャデモはＥＶ車充電だけでなく、ＥＶの電力を家電機器などに供給するための「V2L（Vehicle to Load）充電器」やコネクタにも利用できる高機能商品ですが、、、

使い勝手が致命傷になりました。

充電の「ガラパゴス化」です。

EV

2　ビジネスも国内回帰

①デカップリングは、国内回帰を促進する

地政学的リスク、ウクライナの戦争などでは、製造業も国内回帰の動きが活発化しています。

びっくりしたのがロシアからの撤退は、「全部、置いてけ」の世界でした。

撤退企業は、経営資源を召し上げられての撤退です。

航空機を一〇〇〇億円も没収されて、撤退した企業もあります。

長期間デフレが続き、世界的に相対的に日本が安くなりました。

円安も国内回帰の動きを加速させています。

②総合商社は国内回帰

▼原点回帰

地政学的リスクも考慮して、大手の総合商社でも国内回帰を目指しています。(『【特集　シン・総合商社】「国内回帰」で掘り起こす新鉱脈　シン・総合商社Ｐｒｏｌｏｇｕｅ　空前の好決算下での「国内回帰」の深層』週刊東洋経済二〇二三年三月二五日号)

少子化、縮小マーケットの日本に原点回帰です。

「日本は法制度がしっかりしていてビジネスがしやすい」(伊藤忠商事 岡藤会長)

▼THINK Global,ACT Local

「低成長が続くと、自然と頑張らなくなり、競争も甘くなる?」

日本の今の現状ではないでしょうか?

そして、頑張れば、頑張るほど伸びしろがあるのが日本です。

二〇二三年の『ほんごうが経営について考えたこと』でも書きましたが「ＢＳグローバル・ＰＬドメスティック」です。

ビジネスは国内で、運用は世界で!

私個人的には日本の金利も上がるでしょうから**「運用もいずれ国内で!」**になるような気が

します。為替のリスクはないですしね。

3 ガバナンスも新ステージ

ズバリ↓築城10年　落城1日

①SNS時代

旧ジャニーズ事務所を待つまでもなく、ガバナンスも新ステージになりましたね。
特に「人権」に関しては、何か起これば待ったなしです。
SNS時代は、容赦がないです。
ちょっとした一言も、命取りになります。
「大工殺すにゃ刃物はいらぬ 雨の三日も降ればよい」
昔のことわざですが、今は「○○殺すにゃ刃物はいらぬ SNSがあればいい」

②人権

三〇年前、私が親しくしていたビジネスマンが、「本郷さん、これからは人権だよ」とつぶやいたのが、なぜか今でも私の頭の中に引っかかって残っています。

でもいよいよ日本もその時代が来ましたね。

パワハラ、なんでもありで、人権なんて無視の時代に育った世代（私を含め）のリーダーは、正直、適応に大変ですね。

でも理屈抜きで、「SHOULD」（べき！）です。私も気をつけなきゃ。

4 空気に流されない

①同調圧力
最近特に、ある意見に同調しないと、仲間はずれになるような風潮が、大きくなりましたね。

ＳＮＳの発達が、「同調圧力」を増幅しているかも知れません。

②変わっていない日本人
有名な山本七平さんの大ベストセラー『空気の研究』が一九七七年ですから、日本人が変わっていないのも、驚きです。

③世間に負けた？

野球解説者の落合博満さんが、原前巨人監督の辞任にテレビでコメントし、任期一年残して辞任したことに対し、「世の中的に、そういうふうに思っちゃったってことじゃないですか。二年続けて（Ｂクラス）でしょ」と答えていました。

④双方性がキモ！

民主主義の原則に「少数意見の尊重」というものがあります。私達には、一部の空気に負けないで、双方性のある活発な議論のできる職場風土の醸成が必須ですね。

5 モノ売りよりもサービス

①産業のサービス化

インフレは、産業のサービス化を加速します。

製造業だってモノ売りだけでは、儲かりません。

「サービス業は粗利が高い」からです。

又「サービス業はシェアを取れない！」のも事実です。

例えば、弊社が属している会計業界（税理士業界）だって大手でシェア1％です。

弊社も業界では大手と言われていますが、シェアは、1％にもいっていません。

と言うことは新規参入しても、やり方によってはすぐ大手を凌駕できます。

しかも、ＤＸ化時代は、なにも無い方がしがらみがなく、思い切ってできます。

事実、会計業界にも新しい波が来ていまして。

既存はしがらみで、ＤＸ化に遅れ、化石企業化の可能性も大きいです。

私自身は、ＤＸ時代は、ゼロスタートだと思っていますが、なかなか。（笑）

②サービス化のモデル
インフロニア・ホールディングス（前田建設工業）のインフラ事業への進出も、ハードからソフトへの転換です。

公共施設の運営権を取得し、コンセッション事業で収益をあげるモデルです。

まだ道半ばですが、サービス化のモデルとなります。

6 自前かアウトソーシングか？

ズバリ↓コアビジネス↓自前　周辺↓アウトソーシング　分業

自前かアウトソーシングか？

これもインフレ時代には、真剣に考えなければならない課題です。

私はコア・得意分野は自前、周辺・バックヤードはアウトソーシングが良いと思っています。

アウトソーシング企業の伸びしろは、大きいですね。

↓「＊ホンハイ」の「爪の垢を煎じて飲む」

サービス業でも、水平分業の時代が来ますね。

巨大な、アウトソーシング企業が続々生まれますね。

ＥＭＳによって巨大企業になったホンハイは、参考になりますね。

なにが良いかと言いますと、請負元の企業もアップルを筆頭に巨大になりました。

まさに、Win-Winです。

私個人的には、バックオフィスのアウトソーシング請負が面白いと思っていて、弊社グループで、取り組んでいます。

が、口で言うほど、ラクではありませんが（笑）。

ちなみにバックオフィスですと、ライバル企業同士からでも受注は可能です。

＊……「水平分業」鴻海精密工業（ホンハイ）

電子機器受託製造サービス

Electronics Manufacturing Service（EMS）

ホンハイだけでなく、顧客も巨大化（アップル、マイクロソフト等）

7 供給よりも需要

①ウソみたいに消えた人、人

コロナが去って、求人への応募がピタッとなくなりました。

一番の需給ギャップは、なんといっても人手不足です。

それも、弱い中小を直撃しました。

日産のゴーン元会長がレバノンに逃げた時、“It's gone”と、『風と共に去りぬ（Gone with the Wind）』に例えて言った人がいます。

今は、働き手が“It's gone with new coronavirus”です。

②需給ギャップの逆転

人だけでなくあんなに世の中にモノが溢れていて、デフレギャップに悩まされていたのがウソの様に、人をはじめ多くの分野でモノ不足になっています。

8 在庫は善

インフレ時代は、商品によっては在庫が善になります。

マンションは売れ残りすると、昔は投げ売りしましたが、今はじっと抱いていると、値上がりします。

売れ残りがまた次の利益を生む「在庫は善」の時代になりましたね。

もちろん食品はダメですが。

9 収益力∨コスト

インフレ型経営とは一言で言いますと、収益力重視の経営です。

粗利（売上総利益）を重視した付加価値経営かな？

次の図を参照してください。

デフレ時代と真逆の経営をしなければなりません。

①不採算顧客の見直し・値上げ
弊社もここ二～三年、不採算のお客さんへ値上げをお願いしています。

案外、受け入れてくれますね。

「値上げ出来ない」

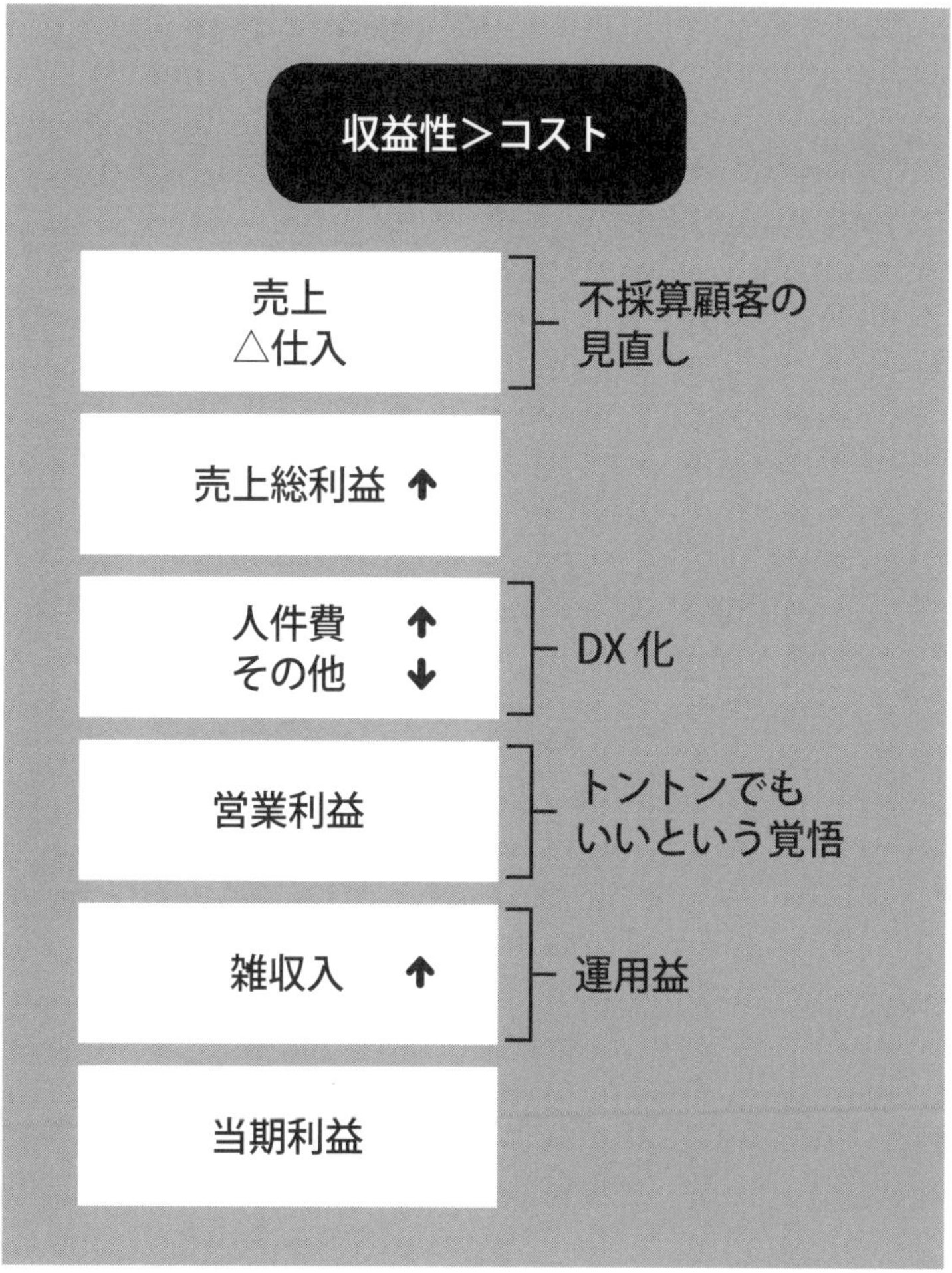
収益性＞コスト
売上
△仕入
不採算顧客の
見直し
売上総利益 ↑
人件費 ↑
その他 ↓
DX 化
営業利益
トントンでも
いいという覚悟
雑収入 ↑
運用益
当期利益

売る側の思い込みが強いのかな。

すんなり受け入れてくれる、有り難いお客さんも予想以上にいるんだなーと再認識しました。

②無理して売らない（例えば、自動車保険）
損保会社にとって売上の多数を占めますが、儲からないのが自動車保険でした。

損保ジャパンを待つまでもなく、シェア維持のため？　無理して売ったツケは大きいですね。

（今では値上げして、採算がとれるそうですが、今度は火災保険が赤字といいます。損保会社もこんなに災害が続くと大変ですね。）

もう無理をしてシェア確保のためだけに売る、そんな時代ではないな、とつくづく思います。

③時間軸との戦い
しかしながら、高付加価値商品を作るには「時間軸」が必要です。

「高いが、しっかり良い商品を作れば売れる」という決意で、安売りを捨て高級路線に向かったミキハウスさんですが、実に三〇年かかったんですね。

（『ミキハウス木村社長　30年越しの苦心が実った「最高級ライン」「薄利多売」に背を向け

て』日経ビジネス二〇二三年二月二〇日号）

「22年８月に発売した『ミキハウス ゴールドレーベル』海島綿やシルク、カシミア、ホワイトグースダウン。世界最高峰の厳選素材を使い、高度な技術を持った日本国内の工場で丁寧に仕立てていった商品」（同記事より）

三〇年もかかったのですね。

④付加価値は自ら決める　――高く売るための努力をする――

そのためには、高く売るための努力、付加価値は自ら決める！という決意が必要です。

▼下請けからの脱皮

「経費が上がろうとも自社の価格は自分で決定できる。不毛な価格競争に関わらない決断もできる。それは下請けでないことの大きなメリット」（運送、株式会社ハーツ）

▼高く売るための努力をする

「金属小口・短納期に特化加工」して収益力を上げた例（金属加工、株式会社ハタメタルワークス）。

▼戦いの場を変える

「展示会から、通販へ」と「戦いの場」を変えて独自商品を育てる（『自社製品は新販路で育てる　地域密着・靴製造リゲッタの挑戦』、日経トップリーダー二〇二三年九月五日号）

ＢｔｏＣモデルから、ＢｔｏＢモデルへ併用もＯＫ

私にも過去に経験があります。

当時お客さんだったユニホーム製造の会社が、当時ファミレス中心に販売していました。

それをパーラー（パチンコ店）に販売したところ、言い値で販売できたんですね。

ファミレスにとってユニホームは原価を構成しますので、仕入れがシビアになりますが、パーラーは、気にしないコストです。

部品屋さんでも、こんな経験があります。

売る業種（相手）を変えたら、利益がでました。

▼隣の芝生は青い

「隣へ隣へ　新しい価値を創造」（オリックス元社長・会長、故・乾恒雄氏の経営哲学）

オリックスの成長モデル、**「隣地拡大戦略」**も再検討の余地があります。

「付加価値が高い」隣へ、です。

▼見せ球と決め球

商品は必ず古くなり、儲からなくなります。野球選手と同じです。

昔の速球投手は、ベテランになると直球は見せ球、決め球は変化球になります。

それと同じで既存商品は見せ球、決め球は別という選択肢も重要です。

例えば、既存店は見せ球、儲けは通販・テイクアウト。

このケースはコロナ後増えてきましたね。

▼まず思うこと

皆さん、そんなことができるのは、違う会社だと思っていませんか？

でも、まずやってみることです。
やらないと、できるかどうかわかりません。

10 商品よりも顧客

ズバリ↓「お客さんが先、商品が後」

考えてみますと、お客さんには様々な需要があります。

自分の商品だけ売っていては、実はもったいない話です。

私も昔から、会計だけの商品ではもったいないなーと思っていました。

特に今の時代は、お客さんに自社の主力商品だけでなく、他の商品も売れる時代になったと思っています。

①ジャパネットたかた　**―ハードからソフトまで―**

テレビ通販の会社だと思っていたら、ジャパネットたかたは、「たべる。ジャパネット」を標榜するようになり、おせち等食品も取り扱い、クルーズ船も始めて好調です。

代替わりして、ビジネスモデルが変わりました。

初代は、ハード、二代目は、ソフトと変貌しました。

その背景には、顧客の会員取り込みがあります。

シニアのお客さんが多いので、商品の受け渡しの際は、手間暇をかけて販売しています。

少々高くとも、お客さんは買いますよね。

②どんぶりでもいい

「お客さんが先、商品が後」という言葉の意味は、「原価計算は、**個別原価計算より、『どこで儲けても良い』**」どんぶり計算をすすめています。

サービス業は間口を広くして、あまり部門ごとの個別原価計算をせずに、トータルで粗利を測定した方が、結果利益が取れます。

あまり細かい商品ごとの原価計算をしますと、間口が狭まり、利益も落ちます。

スーパーだって、コンビニだって、入店率を上げることが、最優先課題です。

入ってくれたら、こっちのもの。

イートインや、コーヒーを飲んでくれたら、しめたものです。

ドラッグストアが、「弁当」や、食料品をおくのもそのためです。

私もたまにコンビニで、トイレを借りますが、悪いなーと思ってやはり何か買いますものね。

11 自己資金よりも借入

何年か前**「成長するなら、金借りろ！」**こんなキャッチの経営雑誌の記事がありました。レバレッジ経営のススメです。

低金利時代は、お金を借りないと損ですものね。

ところが、私を含めて古い世代の経営者は、バブル崩壊、銀行の貸し渋り等、苦い経験をしていますから、借入には消極的です。

私も、過去のトラウマから、大分出遅れました。

でも、しばらく金利が上がっても大したことはないと思っています。

資産運用は、レバレッジとセットです。

調達コストが、大きく下がります。

利回りが上がります。
言い換えますと、自己資金が一番高いのです。

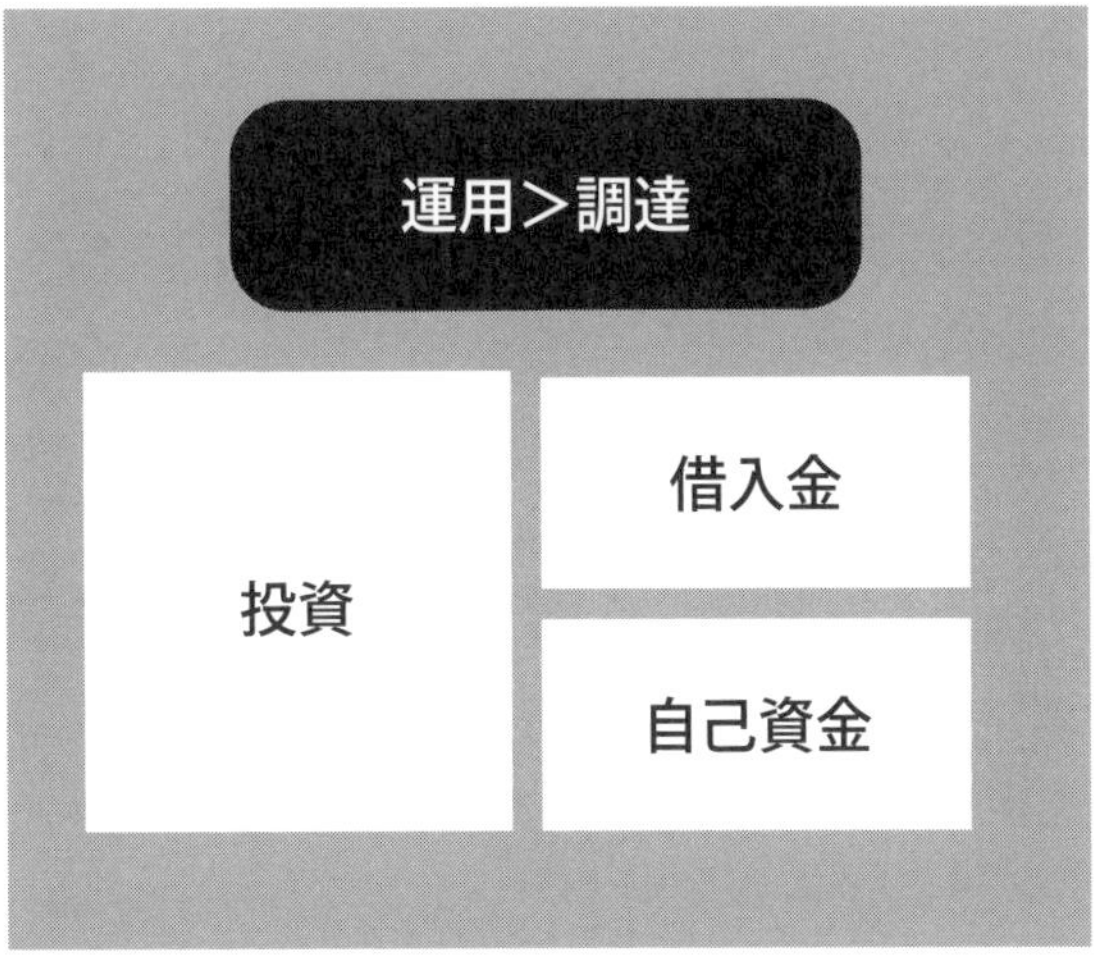

CHAPTER 2

深く∨広く、そして集中、徹底

1 差別化戦略とニッチ戦略

ズバリ↓差別化　他社と競争するためのもの
ニッチ　他社と競争しないためのもの

有名な日東電工（Ｎｉｔｔｏグループ）の「グローバル、ニッチ、トップ」ではないですが、理想的にはオンリーワンを各カテゴリーで、何個取るか、ただ広げるだけではなく、ニッチでも、ナンバーワンを目指す方が収益力は高まります。

ニッチは競争相手がないこと、差別化は競争の中で勝ち抜くこと。

どちらも大変ですが、ニッチナンバーワンの方が、収益力は長く続きます。

①徹底度

オンリーワンを目指すなら、「ぶれない！」とする徹底度が大切です。

言うは易しで、徹底し続けることは、大変難しい。

他人の芝生が羨ましくなったりしますしね。

でも、方向性を間違えたら、無駄な努力になります。

②地域ナンバーワンの疑問　――**地域ナンバーワンは、カテゴリーで一番**が前提――
「地域（エリア）ナンバーワン戦略」

ランチェスター戦略をかじるとすぐ思い浮かべたのが、このキーワードでした。

でもボリュームだけのナンバーワンは、意味がありません。

地域ナンバーワンを目指しても、カテゴリーで一番で、その結果、規模で一番を目指すのが、正しいのかな？

▼私の地域ナンバーワンの思い込み
「本郷さん、広域なら商品で攻める、狭域なら品揃えだよ！」

「だから、商品で攻めるなら、世界中に売ること、逆に地域ナンバーワンを目指すなら、品揃えです」

若いころ、ある当時著名なコンサルタントから、教えられたのが私の刷り込みになって、現在まで来ました。

当時、同業者の大手が、ある地域で、会計だけでなく、その周辺業務を広げて、独占的な事務所となっているロールモデルもありました。

▼カテゴリーで一番、結果地域ナンバーワン

社会保険労務士法人でダントツのＳＡＴＯグループの佐藤代表は、「商品で横ぐしを刺して全国展開していけば、地域ナンバーワンは怖くない」と言っていました。

全国に社労士事務所を設立し、商品で全国に横ぐしを刺していった方が、商品力、質の向上等、競争力が増すんですね。

ＳＡＴＯグループは、実際その通り実践しており、成果を上げています。

ＤＸ化時代、まさに、「インターネットは、時間と空間をゼロにする」（ビル・ゲイツ）です。

③特化型＞総合型

「特徴のない総合化は死のロード」です。

かつて**「売るものは山ほどあるが、買うものはない」**と言われた、「旧ダイエー」を思い出します。

ダイエーが、そう揶揄されて、まもなく身売りしましたのを今日のことのように覚えています。

④なぜ特化型でもやっていけるのか？

↓サービス業は、規模が大きくともシェアが取れない

↓サービス業は　伸びしろが多い（ほとんどの業種が分散型企業（小会社））

サービス業は、ほとんどの業種が分散型企業（小会社）です。

しかも、製造業と違って、サービス業は、規模が大きくともシェアが取れません。

業界の境目も曖昧です。

しかも、マーケットが大きいのです。

例えば、前述しましたが、弊社が所属する会計業界ですが、最大手でもたかだかシェアが１％ぐらいです。

新規参入しても、十分戦えます。

特にカテゴリー（分野）で、深掘りしますと、グンと競争力が増し、後発の参入障壁が高くなります。

私見ですが、カテゴリーで一番をいくつ持っているか、それが、企業の強さと比例します。

また、カテゴリーで一番になると、**深掘り**もラクにできます。

⑤大同生命保険のビジネスモデル　――ターゲットは「中小企業の経営者」「税理士」――

同社は、ターゲットを「中小企業の経営者」「税理士」に絞っています。

囲い込みますので、他社との参入障壁が高い独自のモデルです。

同社は保険と言いません。中小企業主の「企業防衛」と言います。

中小企業の経営者は、激務で健康リスクが高い。

その死亡保障に絞って商品開発しています。

確かに、私の周りでも保険で助かった中小企業経営者がおられました。

余談ですが、「社長になんかあったらどうします?」と、大同さんの迫力は、説得力がありました。

⑥ライフネット生命保険

ライフネット生命保険は、ネットに特化して若者にわかりやすく、入りやすくするため、シンプルに保険は五種類のみに商品を絞っています。

2 非能率＞能率

ズバリ↓「マキタ流」経営に見るあえての非能率でも高収益体質なくして、非能率はありえない

①効率の真逆

電動工具のマキタは、あえて非能率経営スタイルを貫いて、しかも高収益体質となっています。

1、在庫を多く持つ

2、海外拠点を無駄に多く設置する　等。

効率の真逆をいっています。

（『あえての非効率、でも高収益体質　使い回せるバッテリー　職人に刺さる「マキタ流」』、日経ビジネス、二〇二三年六月一二日号）

②でも高収益
マキタは、愛知の隠れた優良企業です。

私は、たまたま、監査法人時代にそのライバル会社の監査に行って聞いていました。

「マキタはすごい」

あれから四〇年以上になりますが、絶えず成長して、しかも高収益を維持していますから、すごい会社です。

3 頑張るよりも頑張らない

ズバリ↓頑張れを死語に！

①オリベッティの思い出

私が開業したころ、イタリアのオリベッティという会社が、コンピューターを作っていました。

もう四〇年以上前の話です。

それが、よく故障するんですね。

その度に営業マンが、「「＊シエスタ」と言って、お昼寝する国ですから、しょうがない」こんな説明をするんです。

そうだ、イタリアか！と妙に納得して、いつもクレームは中途半端に終わったことを今でも覚えています。

＊……シエスタ（ｓｉｅｓｔａ）とは、スペインで生まれた長いお昼休憩。シエスタの大会もあります。長く寝たやつが勝ちという競技です。

②スペインやイタリアは昼寝していても儲かる

「寝るこそ楽があればこそ、なんで浮世のバカは起きて働く」

この文句を、私のおふくろが、寝る際、必ず言って布団に入っていたのを思い出します。

又、若いころ、当時所属していた会計事務所の国際ネットワークの会議があり、スペインのバルセロナに行ったときの思い出が強烈に今でも残っています。

夜の会食が、なんと夜の一一時スタートでした。

会議が終わり、バルセロナのサッカーを見て、その後食事をする、ということでした。

そのスタートは、カクテル・パーティーから始まり、食事にありつけたのが、深夜〇時をまわっていました。

結局ホテルに辿り着いたのは、確か三時過ぎでした。

そのころ日本は隆盛していたので、私はこんな怠け者の国は滅びる、と心底思ったものでした。

でも、どうでしょう。

スペイン、イタリア、フランスは、**ブランド品、あるいは食で勝負**しています。

家族経営の小規模な製造業から、世界的ブランド品を輩出し、今ではＬＶＭＨのように世界的大企業に成長しています（まだまだこれからも予備軍があります）。

一流のブランド品はコロナ後、さらに価値を増して、値上がりが半端ではありません。

昼寝していても、儲かる。

付加価値を生む！　日本人には一番不得意な課題ですが、挑戦課題でもあります。

③ラテン民族の発想　――「素＆勤」から「美＆楽」へ――

冒頭、コロナ後のビジネスはルネサンス（再生）だと書きました。

再生するキーワードは、「改宗」です。

プロテスタントの思想からカトリックの思想への改宗です。

つまり、アングロサクソンのプロテスタント的「素にして、勤」の発想から、ラテン系カトリックの「美にして、楽」への転換です。（『名画で学ぶ経済の世界史 国境を越えた勇気と再生の物語』田中靖浩著、マガジンハウス）

▼プロテスタントとカトリックのミックス

ベストは、**プロテスタントとカトリックのミックス**です。

プロテスタントの勤勉さと、カトリックの創造性、最強だと思いませんか？

▼金融をかませる

そして、**昼寝するなら、金融をかませろ！**

金融は、周知のように、寝ていても稼いでくれます。

④＊がんばらない経営

でも、日本でも好事例があります。

働き方改革のだいぶ前から、すでに、頑張らない経営を標榜している会社があります。

家電量販大手のケーズデンキの加藤オーナー（現ケーズホールディングス（ＨＤ）の加藤修一名誉会長）の「がんばらない経営」を記事で見たとき、面白いなーと思ったものでした。

「無理をすれば必ずその反動がある。『がんばらない』は、お客様にご満足いただくためにあるべき姿に向かって、正しいことを無理せず、確実に実行していく当社の経営スタイルを表現しているのです。」

「残業なし、ノルマなし」です。

＊……「がんばらない経営」とは？

当社の経営を「がんばらない経営」と表現していますが、なにもしなくても楽に仕事ができる経営ということではありません。「がんばる」という言葉には自分の持っている以上の力を出す、つまり「無理をする」というようなイメージがありませんか？

短時間であればそれも可能かもしれませんが、終わりのない会社経営には「がんばる」という考えは適切ではないと考えています。無理をすれば必ずその反動があります。「がんばらない」は、お客様にご満足いただくためにあるべき姿に向かって、正しいことを無理せず、確実に実行していく当社の経営スタイルを表現しているのです。（株式会社ケーズホールディングスホームページ（https://www.ksdenki.co.jp/company/vision/）より）

4 お客さんはだれか？

ズバリ↓意思決定者は家族

真のお客さんとは、**お金を支払う意思決定者**です。

例えば、病院のお客さんは患者さんですが、真のお客さんは病院を決めたり、医療費を支払う家族かも知れません。

だれが、真のお客さんか？　これを考えるのも付加価値が上がるヒントになります。

＊青梅慶友病院は、患者さんだけでなく家族がターゲットです。

＊……青梅慶友病院のビジネスモデル

病院のターゲットは患者だけじゃない!?　患者だけでなく家族がターゲット

苦労している家族にも最大限の配慮をしています。

1、入院患者への面会を二四時間受け付け、時間にしばられずにお見舞いができる

2、看護師が家族の名前まで覚えたり、家族に求められれば医師が丁寧に病状を伝える

5 売り切りよりもアフターサービス

ズバリ↓モノとサービスの併用

従来メーカーは、売って終わりでした。

「ものづくり」から「サービス」への転換をすると、利益率の低下する製造業と安定した利益率の高いサービス業が共存できます。

顧客との距離がちかくなります。

単純に言います。商品単体の売り切りが、叩かれますし、儲かりません。

B４B（B for B）の時代です。

必ず、アフターサービスで付加価値をつける努力が必要です。

私も去年まで、製造業もアフターサービスのコンサルティングを志向すべきだと思っていました。

でも、今は、「コーチングサービス（後述）」のほうがいいなと思っています。

6 ビジネスのサービス化による差別化

一般にサービスから得られるマージン（利益率）はモノの販売のみから得られるマージンよりも多いといわれています。

製品のコモディティー化が進む市場では、モノのサービス化が付加価値を生み出します。

近年、購入時点にまとめて支払う方法から、サブスクモデルと呼ばれる、モノを利用した分だけ支払う方法へと変わりました。

裏を返せばこれまでモノを販売することによって利益を得てきた製造業の企業は、モノの利用を中心としたサービス・ビジネス企業へと変化してきています。

7 財務も稼ぎの一員にする

財界の大御所牛尾治朗さんがお亡くなりになりました。

一時代が終わったな！　なんて、寂寥感を感じました。

牛尾さんが創業したウシオ電気株式会社は、昔から製造と財務の二刀流の会社です。「経営ノート２０２２」でも書きましたが、コロナ禍でも黒字でした。

コロナ影響で、営業利益が稼げない時（二〇二一年三月期）でも、しっかり経常利益を出していました。

営業で赤字でも、財務収益でケイツネは黒字でした。

ダブルポケットは、強いですね。

①資産運用の時代（**増やす文化**　政府が後押し）

時代の流れです。今からが勝負です。

ＰＬでもＢＳでも稼ぐ、これもインフレ下の経営の課題です。

②上場したら

よく頑張って、上場した会社が内部留保を積み上げています。

でも、時価総額は増えません。

ですから、禁じ手ですが、逆にオーナー自身の資産管理会社を配当、資産運用で膨らまし、

上場会社は、キャッシュリッチにしない。

真逆の発想ですが、自社株が下がった時、自分で買えますしね。

8 引き算の発想

ズバリ↓余計なことはやらない！ 見える部分の差別化と、見えない部分は効率化（コスト削減）

インフレ下では、逆に引き算の発想が必要です。

当たり前ですが、損益分岐点が下がり経営がラクになります。

ついついトップは、思いつきで現場を疲弊させます。

長年の習性で、ついつい足し算のことしか思いつきません。

昨今のインフレ下で、コストアップ環境にある中、「引き算の発想」もトップの重要な決断です。

①品揃えの削減、営業時間の短縮等

見直しますと、結構無駄があり、現場を疲弊させることが山ほどあります。

まさに「足し算経営が生む負の連鎖」です。（日経ビジネス二〇二三年九月四日号）

②値上げとセットで考える

値上げして客数が減っても、値上げ効果が強ければ、かえって仕事が減って売上が上がるという効果があります。

人手不足の一助にもなります。

③休みという発想

例えば、レストラン、ホテルこれは従来、満室・満員・毎日営業するビジネスモデルでした。

そのためには、設備をフル稼働した前提でのコストを考えていました。

でも、「半分の稼働でも利益が出るには？」と考えますと、休むという考えもアリになります。

（これは『ほんごうが経営について考えたこと２０２３』でも書きました。）

CHAPTER 3

弊社の実行と実践

1 財務で稼ぐ

ズバリ↓バランスシートを二つ作る！ 資産運用のBSを分離

管理会計上、資産運用のBSを作り、運用成績を把握したいと思っています。
昨年ぐらいから、少しずつ弊社で資産運用を始めてみました。
将来は、これだけでも飯が食えるようにしたいと思っています。

2 コーチングサービス

ズバリ↓サービスの深掘り

①外のコンサル化、内のＤＸ化

我々会計人の従来の仕事、これは処理と、手続きが主なものでした。

私は何年も前から、ＤＸ化、ＡＩ化が浸透すると会計人は失業すると予想して、コンサルティング業務（税務コンサル中心）にスタッフをシフトさせたいと思っていました。

「会計人は、コンサルタントを目指せ！」私が檄を飛ばしたキャッチでした。

コンサルタントは、実務ができるコンサルです。

言うだけの人は、お客さんがＮＧと考えたからです。

②バックオフィスのＤＸ化

「ＤＸ化なくして、働き方改革なし」です。

これも弊社の大きなテーマでした。

ＲＰＡ（Robotic Process Automation、ロボティック・プロセス・オートメーション）等ＤＸと呼べるしろものではありませんが、それでも作業がとてもラクになりました。

そのため二年前に、ＲＰＡが組めるようになることも新人教育の必須テーマにしました。

3 コンサルティングの前にコーチング

ズバリ↓キーワードは「WE」

①ＤＸ化のあとの、士業の生き残り

私は、コンサルティングサービスへのシフトを当初考えていました。

でも、いきなり会計人のコンサルタントへの変身は困難です。

コーチャーへの変身はもっと現実的で、しかもお客さんに寄り添うサービスです。

②コーチ（ｃｏａｃｈ）は、コーチー（ｃｏａｃｈｅｅ）と並走

コーチは、コーチー（受ける人）と同格、そして並走します。

教えないけど、コーチーに気づきを与えたり、到達点まで並走します。

③**目線**

コーチングは、お客さんと目線が合います。

コンサルティングは、少し「上から目線」のイメージです。

しかも、コーチャーには、コンサルティングほどのスキルは、要りません。

④**双方性**

むしろ、お客さんとの双方性がキモです。

「WE」になります。スキルより、**「関係性を構築する能力」**が大事です。

⑤**コーチングの〝あいうえお〟**

あ　アイコンタクト　五秒

い　いいところを褒める

う　うなずく

え　笑顔

お　終わりまで聞いて質問する

⑥**結果にコミットする**

ライザップの有名なキャッチコピーです。

実はこれが、コーチングのキモです。

そのためにはコンサルのように、一方通行で教えるのではなく、双方性（WE）で結果を導くために、相手に考えさせ実行させることです。

⑦コーチングのメリット

人材の開発ができます。

1、認識の変化や新たな気づきを得ることで組織の変革につながる

2、一人ひとりが組織の主体になる

3、経営の前進に向けての議論の活発化

（株式会社 コーチ・エィ　鈴木社長）

⑧私のコーチングの体験　――恥かき英語のコーチングを受ける――

プログリットという英語教育の会社があります。

ある人から、ここを受講して、ものすごく英語が上達したと聞いたので、私もトライしました。

この英語教育では
１、先生がいません
２、その代役として、コーチャーをつけます
３、コーチャーとは私の勉強のみまもり役で、勉強の進み具合のチェックと週一のミーティング（リモート）で私と会話します。
コーチャーは言わば、並走ランナーです。
４、目標が明確であること
そして、正しい教科書と、あとは、自分の勉強次第。

「努力には方向性がある」

これは、私の大好きな言葉ですが、コーチングサービスには、正しい教科書が不可欠です。

でも、絶対の勉強量が大事です。

それと、コーチャーのサポート体制です。

主にコーチャーのスキルをサポートするためのＤＸが不可欠です。

⑨コーチング制度は、サバイバルゲーム
自分でやってみての感想ですが、どうも、コーチング制度は、サバイバルゲームのような気もします。

目標に向かって追い立てられますから、燃え尽き症候群もでます。

運用は弾力的にやらないと、と思っています。

⑩ついでに
組織のフラット化、ジョブ型化、分業化が進みますと**「社内のフリーランサー化」「社内外注化」**が可能となります。

従業員がやめたら、補充をする前に、まず、社内外注ができるかどうかもポイントかなと思っています。

補充しないで、社内外注で、支障がなければ、生産性もあがります。

ジョブ型化が、進みますと、**「管理職」と「専門職」の職務区分**がハッキリできます。

大会社なんか、管理職だらけですものね。

4 ファミリーオフィス

ズバリ↓資産運用のお手伝い

これも、今年の課題です。

人に薦めるには、まず私からと、弊社のファミリーオフィスの会社との顧問契約の第一号になりました。

運用商品は、人に薦める前に、まず自分から始めようと思って運用を実践します。

新ＮＩＳＡも始まりました。

私見では、一億総運用時代の始まりです。

5　そしてＣｈａｔＧＰＴ

ズバリ↓リーダーは、ＣｈａｔＧＰＴと語れ！

ＹｏｕＴｕｂｅでソフトバンクグループ会長の孫さんの動画を観ていたら、「ＣｈａｔＧＰＴを検索に使うやつはバカだ。ＣｈａｔＧＰＴは、対話しろ。社員より利口な意見をだす（笑）。」こんなことを言っていました。

私もピンと来て、早速対話を始めました。

今のところ、ハッとする答えはありませんが、参考になる意見は聞けます。

今年も私の課題の一つにしました。

新人の研修の必須コースにします。

従来、RPAを必須項目にしていましたが、今度はChatGPTにしました。

終わりに

1

戦略ミスは、致命傷

「戦術のミスは取り返せる、しかし、戦略ミスは取り返せない」

私の好きな言葉です。

特に今は、不透明な経済環境が激変する時代です。

繰り返しますが、戦略ミスは、致命傷です。

ＪＡＬのクラスＪシートを見るといつも、ビジネスクラスをやめたツケの大きさを感じます。

あれで、国内の多くのいいお客さんが、ＡＮＡに逃げました。

いまだに、取り戻すことができないでいますね。

ターゲットをデザインする↓戦略的に設定する

戦略策定には、デザイン力が、不可欠です。

2 make sense!（ハラオチ）

「ジョブ型組織の深耕」「DX化」等様々な課題があります。

でも、多くの共感者とハラオチはとても大変です。

一国二制度で、新しい人から馴染ませて、ベテランも巻き込んでいくという戦略が現実的かな？　こんな風に思っています。

そして、**やりきる文化、組織風土**、それを実現しているキーエンスは、すごいなと思います。

3 若い人に学ぶ

ＤＸ時代は横一線です。

会社の規模もまったく関係ありません。

ついつい、「競争優位の錯覚」に陥りがちです。

世の中の現象を「おかしいと思わないこと」。

素直に受け入れ「おかしいと思うことがおかしい」と私自身に言い聞かせています。

私自身、ビジネスが世の中の流れに一番遅れているんじゃないか？としばしば思います。

若い人の方が、個人でやっている方が、グンとテクノロジーが進んでいます。

4 数字が作れる会社にしたい

「アメリカは数字を作れる」

ある勉強会で教えられました。

「インフレでもアメリカ経済は強い」のは、「数字を作れるからだ」。ハッとしました。

日本でも、優良会社は、数字を作れますものね。

ビジネス界もスポーツ界も同じで、数字を作れる企業、アスリートは一流です。

ここから、余談です。

アメリカは絶えずポジティブです。

アメリカで売れている小説のパターンがあります。
1、チャンスをものにして成功するもの
2、恋人同士の一方が上流階級の人間であるもの
3、ヨーロッパ各地の一流といわれるレストラン、クラブ、ホテルのことが詳細に書かれているもの

私なんか、「星条旗よ永遠なれ」を「正常位よ永遠なれ」と覚えていたからダメなんです（笑）。

日本の小説や、映画は暗い題材のものが多いですものね。

5 緩い経営

ズバリ→「緩い」は強い？

私の好きな経営モデルは、アークスグループの推進している「八ヶ岳連峰経営」です。札幌の大手スーパーアークスがしかけている、独自性を担保した企業集団でかなりの勢いになっています。

この企業集団も緩い連合体です。

無理せず、闇雲に規模を追わない。

「行動の派手な経営者は目立ちますからその分、成長スピードが速いと思われがちです。しかし、こうした会社は結局今となってはほとんど残っていません。

では、どんな食品スーパーが残っているかと考えると、それはやはり地域の特性を捉えながら忍耐強く取り組んできたところだと実感しています。

「各地の勝ち組、つまり生き残れる基礎を持つ仲間と手を組みます。」（株式会社アークス社長　横山清氏）（日経ビジネス、二〇二三年二月二七日号）

①イオンは駆け込み寺
「イオンはＭ＆Ａをした会社でも自主性を重んじて、あまり介入せず、その結果、拡大ができた、ということです。そのため、困った会社の駆け込み寺になっている」。こんな話をニュースでしていました。

②緩いのは強くて早い？
これも私の仮説です。歴史で見ても実証できます。

③緩さは寛容さ　——オランダの寛容——

「世界初の株式会社と証券取引所を作った」のはオランダです。

これは、オランダの独立・発展に大きく寄与しました。

ノーサイド宣言をし、カトリックもプロテスタントも排除せず…。

すると、ユダヤ人が集まって、得意技の金融国家の構築に役立ったそうです。

「移民を単純労働者ではなく『頭脳』と見た」。（『名画で学ぶ経済の世界史 国境を越えた勇気と再生の物語』田中靖浩著、マガジンハウス）

これも慧眼でした。
④アンコールワットも同じ
アンコールワットは、古代カンボジアのクメール王朝の象徴としてヒンドゥー教最大級の寺院です。

その王朝の一番栄えた時代は、仏教、ヒンドゥー教も同居する時代だったそうです。

私もカンボジアに出先を作った関係で、何回か行きました。

ともかく暑くて、つらかったなー（笑）。

参考文献

『名画で学ぶ経済の世界史 国境を越えた勇気と再生の物語』田中靖浩著 マガジンハウス

著者の田中さんは、同業の会計士でもあります。

センスの良い若い会計士が、出てきたことは、この業界も捨てたもんでもありません。

『サクッとわかるビジネス教養 ビジネスモデル』山田英夫（早稲田大学大学院教授）著 新星出版社

わかりやすい本で、よくビジネスモデルの型を整理されていました。

一読をお薦めします。

＜著者プロフィール＞

本郷孔洋（ほんごう よしひろ）
公認会計士・税理士

辻・本郷 グループ会長。辻・本郷 税理士法人前理事長。

早稲田大学第一政経学部卒業、同大学大学院商学研究科修士課程修了。公認会計士登録。

2002 年 4 月に辻・本郷 税理士法人を設立し、理事長として国内最大規模を誇る税理士法人へと育て上げる。会計の専門家として、会計税務に携わって 30 余年、各界の経営者・起業家・著名人との交流を持つ。2016 年より現職。

東京大学講師、東京理科大学講師、神奈川大学中小企業経営経理研究所客員教授を歴任。「税務から離れるな、税務にこだわるな」をモットーに、自身の強みである専門知識、執筆力、話術を活かし、税務・経営戦略などの分野で精力的に執筆活動をしている。

近著に『ほんごうが経営について考えたこと 2023』『資産を作る！資産を増やす！資産を継承させる！』（いずれも東峰書房）ほか著書多数。

ほんごうの経営ノート 2024
～インフレ下の新しい飯の種《ビジネスモデル》～

2024 年 3 月 22 日　初版第 1 刷発行

著者　本郷孔洋
発行者　鏡渕敬
発行所　株式会社 東峰書房
〒 160-0022 東京都新宿区新宿 4-2-20
電話 03-3261-3136 FAX 03-6682-5979
https://tohoshobo.info/

本文デザイン　塩飽晴海
印刷・製本　株式会社シナノパブリッシングプレス

ISBN 978-4-88592-233-6 C0034
Printed in Japan